Tant de façons
de se déplacer

Une nouvelle manière d'explorer le monde animal

Directrice éditoriale
Caroline Fortin

Rédactrice en chef
Martine Podesto

Recherche et documentation
Anne-Marie Brault
Kathleen Wynd

Conception de la couverture
Épicentre

Coordination
Lucie Mc Brearty

Mise en pages
Chantal Boyer

Illustrateur en chef
Jocelyn Gardner

Illustrations
Rielle Lévesque
Raymond Martin
Claude Thivierge
Danièle Lemay
Nicholas Oroc
Jonathan Jacques
Yves Chabot
Marie-Andrée Lemieux
(Malem)
Caroline Soucy
Richard Blais (esquisses)

Directeur de production
Gaétan Forcillo

Correction et glossaire
Diane Martin

QUÉBEC AMÉRIQUE

L'art de se mouvoir

La plupart des êtres vivants peuvent se déplacer dans leur environnement. À première vue, cela semble évident. Mais, sans cette faculté, bon nombre d'animaux ne pourraient tout simplement pas survivre ! Grâce à leurs pattes, à leurs ailes, à leurs ailerons ou à leurs nageoires, les animaux se sauvent des ennemis, cherchent leur nourriture, un partenaire pour se reproduire ou vont à la découverte d'un endroit où il fera bon vivre. Qu'ils nagent, volent, grimpent, se déplacent sous l'eau, sur la terre ou sous la terre, qu'ils le fassent solitairement ou en bandes, les animaux sont parfaitement équipés pour affronter leur habitat. Leur corps permet des mouvements si bien orchestrés qu'il leur est même possible de réaliser des performances de vitesse, d'endurance, d'efficacité et d'agilité hors du commun.

Un mammifère amphibie

Sur la terre ferme, l'hippopotame possède une démarche lourdaude, mais dans l'eau, ce gros mammifère de trois tonnes est d'une agilité incroyable ! Grâce à ses pattes légèrement palmées, cet excellent nageur semble littéralement voler dans les cours d'eau d'Afrique tropicale où il passe le plus clair de son temps, à l'abri des rayons brûlants du soleil. Utilisant ses pattes à la manière des grenouilles, il avance par bonds sur le lit du cours d'eau ou marche à vive allure, complètement submergé.

2

hippopotame
Hippopotamus amphibius

Un as du vol sur place

Ce minuscule oiseau de 10 centimètres de long atteint une vitesse de 40 kilomètres à l'heure environ, mais c'est dans le vol sur place qu'il réussit le mieux à nous surprendre ! À sa poitrine sont rattachés des muscles très puissants qui actionnent ses ailes d'une efficacité sans pareille : battant plus de 50 fois par seconde, celles-ci peuvent le porter pendant plus de quatre heures !

colibri roux
Selasphorus rufus

Une vie pleine de rebondissements

Avec une taille de près de deux mètres de haut, le kangourou gris se déplace, tel un ressort, dans les forêts et les savanes boisées de l'est de l'Australie. Grâce à ses pieds longs et forts, à la musculature puissante de ses pattes postérieures et à sa lourde queue qui lui sert de balancier, ce marsupial peut, pour prendre la fuite, réaliser des bonds prodigieux de plus de 9 mètres de long et atteindre une vitesse de 50 kilomètres à l'heure !

kangourou gris
Macropus giganteus

Un poisson libéré des eaux

Les poissons ne vivent pas tous dans l'eau ! Ce curieux habitant des marais boueux des mangroves, aux allures d'amphibiens, se déplace en sautillant sur la boue, grâce à sa queue très musclée et à ses nageoires pectorales transformées pour lui servir de membres. Même s'il ne possède pas de poumons, le périophtalme peut respirer aisément grâce à la petite réserve d'eau qu'il conserve en permanence dans ses branchies et à sa peau fortement irriguée, capable de capter l'oxygène de l'air.

périophtalme
genre *Periophtalmus*

Êtes-vous curieux ?

Le jeune hippopotame sait nager avant de savoir marcher. Grâce à des petits clapets spéciaux qui maintiennent ses narines et ses oreilles fermées, il peut téter sous l'eau, en retenant sa respiration pendant près de deux minutes. Lorsqu'il en a besoin, il monte se reposer sur le dos de sa mère.

Ceux-ci sont des maîtres nageurs
... des performances olympiennes

L'eau est 800 fois plus dense que l'air. Les créatures qui habitent dans l'eau doivent donc, pour s'y déplacer, utiliser les outils les plus puissants et les plus perfectionnés. Pour y vivre, les maîtres nageurs ont des atouts de taille : leur corps est bien souvent fuselé de manière à fendre l'eau avec la plus grande efficacité. Une solide musculature qui permet des mouvements d'ondulation du corps est souvent soutenue par d'excellentes nageoires qui propulsent, gouvernent et stabilisent le corps. Même si les poissons sont sans contredit les animaux aquatiques les plus efficaces qui soient, quelques reptiles, oiseaux et mammifères ont, comme eux, choisi de passer toute leur vie dans l'eau.

Mammifère en habit de plongée

Pourvus d'un corps à la forme hydrodynamique parfaite, de nageoires et de muscles puissants, les dauphins comptent parmi les meilleurs nageurs des mers et des océans. Mais le secret de leur puissance réside dans la structure particulière des couches de leur peau : celle-ci amortit les vibrations provoquées par les courants et déjoue la résistance de l'eau ! Grâce à cette formidable adaptation, ces mammifères atteignent des vitesses de pointe de 65 kilomètres à l'heure.

4

dauphin tacheté de l'Atlantique
Stenella plagiodon

La rapidité d'un mangeur d'hommes

mako de l'Atlantique
Isurus oxyrinchus

Au large de l'océan Atlantique, le terrible requin mako fend l'eau à une vitesse de pointe de près de 60 kilomètres à l'heure ! D'une puissance et d'une agressivité sans pareilles, le requin mangeur d'hommes pourchasse des bancs de maquereaux et de harengs, ou happe un espadon en pleine course pour n'en faire qu'une bouchée... Réputé pour ses bonds prodigieux, cet énorme poisson de près de quatre mètres de long peut franchir une distance de plus de sept mètres, hors de l'eau.

Record de vitesse à la nage

Cet excellent nageur qui peut atteindre une vitesse incroyable de 110 kilomètres à l'heure possède un corps hautement hydrodynamique, profilé tel un petit avion à réaction ! D'une longueur pouvant atteindre plus de six mètres, ce géant des mers possède une endurance remarquable qui lui permet de poursuivre des bancs de harengs, de maquereaux et d'anguilles sur de très grandes distances. Non seulement l'espadon est-il un champion de la vitesse, mais il peut aussi réaliser des sauts spectaculaires hors de l'eau.

espadon
Xiphias gladius

Tortue à peau de cuir

Cet énorme reptile de plus de deux mètres et demi de long est la plus grande tortue vivante et sans doute une des mieux adaptées à la vie océanique. Transformées en puissantes nageoires, ses pattes de devant, d'une envergure et d'une force incroyables, lui permettent de franchir une distance de 100 mètres en 10 secondes à peine ! Aussi appelée tortue cuir géante, la tortue-luth possède une carapace osseuse recouverte d'une peau lisse semblable à du cuir, grâce à laquelle elle glisse facilement dans l'eau.

tortue-luth
Dermochelys coriacea

Êtes-vous curieux ?

Au milieu du XXᵉ siècle, des chercheurs ont conçu un revêtement de caoutchouc spécial pour les sous-marins. Cet « vêtement de plongée », calqué sur la structure de la peau du dauphin, s'est avéré fort efficace pour améliorer les performances de ces engins aquatiques.

Ceux-ci sont des maîtres nageurs
... se déplacer sans nageoires

Tous les animaux aquatiques ne possèdent pas des nageoires, cet outil de propulsion et de navigation par excellence. Heureusement, plusieurs créatures ont été dotées de moyens de propulsion autres, parfois tout aussi efficaces que les nageoires des poissons. Dans l'eau, de minuscules animaux à une cellule nagent en agitant des milliers de cils, des serpents, des anguilles et des sangsues ondulent, des calmars se déplacent à coups de jets d'eau et des pingouins nagent en se servant de leurs ailes comme de nageoires. À la surface, des insectes utilisent leurs pattes comme des rames tandis que des oiseaux rament au moyen de leurs pieds palmés.

Propulsion sous-marine

Grâce à son habitacle spiralé, séparé en une trentaine de petites loges remplies d'air et de liquide, le nautile peut monter, descendre et avancer comme bon lui semble. Parcourant toutes les loges en leur milieu, le siphon est le principal maître d'œuvre de la locomotion. En pompant l'eau, il contribue à modifier l'équilibre des gaz et des liquides dans les loges, ce qui permet à l'animal de monter ou de descendre. De plus, l'eau aspirée par le siphon est brusquement rejetée, propulsant ainsi l'animal dans son milieu.

nautile cloisonné
Nautilus pompilius

6

Vol aquatique

De drôles d'oiseaux à la démarche maladroite se lancent tour à
tour dans l'eau glacée de l'Antarctique. Ces excellents nageurs
au petit corps fuselé se servent de leurs ailerons rigides et
nagent avec grâce et adresse, atteignant des vitesses de pointe
de 30 kilomètres à l'heure. Sur terre, les pingouins d'Adélie se
déplacent parfois en glissant à plat ventre sur la glace, avançant
à l'aide de leurs pattes et de leurs ailerons.

manchot d'Adélie
Pygoscelis adeliae

serpent marin
Laticauda colubrina

Ondulations sous-marines

Sur la terre ferme, le serpent marin, ou serpent à queue plate,
rampe avec une grande habileté ; sous l'eau, il est un nageur
émérite. Utilisant telle une pagaie, sa queue comprimée de
chaque côté, il ondule sous l'eau à la recherche de ses proies.
Situées sur le dessus de sa tête, ses narines sont munies d'une
valve spéciale grâce à laquelle elles se ferment. Ce reptile au
tempérament plutôt doux possède en réalité un venin
extrêmement dangereux, capable de tuer un être humain.

De remarquables plongeurs

Qu'ils plongent profondément à la recherche de nourriture ou
qu'ils se contentent de barboter sagement à la surface, les
canards possèdent un équipement idéal : de larges pattes
palmées qui leur servent de rames. À la base de leur dos, une
glande spéciale fabrique une huile qui rend les plumes
imperméables. Champion nageur et plongeur, le huart arctique
peut plonger jusqu'à 70 mètres de profondeur et rester jusqu'à
5 minutes sous l'eau.

huart arctique
Gavia arctica

Êtes-vous curieux ?

*Bien qu'il soit parent des pieuvres et des seiches,
ce mollusque est le seul céphalopode à posséder un
coquillage pour habitacle : son corps se trouve dans
le premier compartiment de sa demeure.*

Ceux-là sont
de bons promeneurs

Qu'ils cheminent sur la terre ferme, à la surface de l'eau ou au fond des océans, les marcheurs possèdent une allure et un équipement particuliers. Les oiseaux et les humains sont les spécialistes de la marche sur deux pattes, tandis que les insectes déambulent sur six pattes dans un style bien à eux. Debout sur 8 pattes, des crustacés flânent au fond des océans, des étoiles de mer promènent plus de 1000 petits pieds ambulacres, tandis que des mille-pattes arpentent la terre de leurs centaines de pattes, dans un mouvement parfaitement coordonné.

Balade sur des nénuphars

Juché sur ses longues pattes, le jacana avance avec légèreté à la surface de l'eau, en prenant appui sur les lotus, nénuphars et autres plantes aquatiques flottantes. Agissant un peu comme des raquettes, ses pieds aux doigts d'une longueur disproportionnée, munis d'ongles fins et longs, supportent parfaitement le poids bien réparti de son corps et empêchent celui-ci de s'enfoncer dans l'eau. Les membres du jacana sont si adaptés à la marche sur l'eau qu'il lui est difficile de fouler le sol.

jacana d'Afrique
Actophilornis africana

8

Des insectes en patins

À chaque coup de pattes, le patineur d'eau glisse gracieusement de plusieurs centimètres à la surface de l'eau, sans jamais s'y enfoncer. Tandis que ses courtes pattes de devant s'affairent à capturer les proies, celles du milieu rament pour propulser l'insecte, aidées par les pattes de derrière qui jouent le rôle de gouvernail. Sous le corps du patineur, un amas de poils retiennent l'air, empêchant ainsi l'insecte de se mouiller !

patineur d'eau
Gerris paludum

La grande marcheuse des mers

Bien qu'il porte le nom d'araignée de mer, cet animal est en réalité un crabe aux pattes d'une longueur extraordinaire, spécialement conçues pour lui permettre de se déplacer sur la vase des grandes profondeurs marines. Ce crustacé, le plus grand du monde, possède un corps de 30 centimètres de diamètre. Ses jambes, étendues, ont une envergure d'un peu plus de trois mètres !

araignée de mer du Japon
Macrocheira kaempferi

Des pattes et encore des pattes...

Contrairement à ce que leur nom laisse croire, aucun mille-pattes ne possède véritablement 1000 pattes, la plupart des quelque 8000 espèces en ayant moins de 200 ! Serpentant lentement dans les sols humides et la pourriture végétale, les iules ont une façon bien à eux de se mouvoir : ils avancent les pattes d'un même côté, presque simultanément, chacune accusant cependant un léger retard sur celle de devant... Cette démarche particulière crée l'illusion d'une onde parcourant tout leur corps.

iule
famille des Iulidés

Êtes-vous curieux ?

Le nid du jacana est d'une grande simplicité : construit avec des tiges de nénuphars, des feuilles et des roseaux, il est posé sur des plantes flottantes. Les œufs, au nombre de quatre, possèdent un lustre qui les protège de l'eau.

Certains sont d'excellents
acrobates

Multipliant les prouesses et les tours de haute voltige, des écureuils et des singes sautent de branche en branche, des pics, des grimpereaux, des loirs et des martres escaladent des troncs d'arbre avec une extraordinaire habileté, tandis que des mouches et des lézards se déplacent au plafond, la tête dans le vide, avec une aisance déconcertante ! Pour réaliser leurs numéros de cascade, ces formidables acrobates possèdent tout ce qu'il faut : ils ont souvent un corps léger et souple ; leurs pattes, munies de griffes puissantes, supportent le poids du corps et déjouent la gravité. De plus, certains de ces animaux sont dotés d'une queue préhensile, transformée en cinquième membre, pour les besoins de la cause…

Un compagnon domestique

Il est difficile de croire qu'un gros lézard de 35 centimètres de long puisse monter et descendre le long des murs et même marcher au plafond des résidences où il élit domicile ? Pourtant, le grand tokay réussit habilement cet exploit grâce à ses pattes munies de larges doigts et à ses griffes pointues. Son secret ? Sous chaque doigt, une série de lamelles munies de milliers de soies microscopiques agissent comme des ventouses pour permettre au lézard d'adhérer à n'importe quelle surface lisse… ou presque !

Êtes-vous curieux ?

Ce lézard qui émet des cris semblables à des aboiements apprécie la cohabitation avec les humains. Son cri caractéristique entendu dans les maisons est un gage de bonheur.

grand tokay
Gekko gecko

Un membre bien pratique

Pour réaliser leurs exploits d'escalade, des animaux arboricoles comme les singes-araignées et les opossums utilisent leur queue comme s'il s'agissait d'un autre bras ou d'une autre jambe. Fort pratique, la queue musclée du coendou s'enroule fermement autour des branches, ce qui lui permet de grimper en toute quiétude à la recherche des feuilles, tiges et fruits dont il se nourrit la nuit venue.

coendou brésilien
Coëndou prehensilis

gibbon à mains blanches
Hylobates lar

L'acrobate des forêts tropicales

Les gibbons sont les as de la haute voltige ! Utilisant leurs bras très mobiles et musclés mais surtout démesurément longs, ils se balancent prodigieusement, plongeant d'une branche d'arbre à une autre, au sommet des grands arbres de la forêt tropicale. Ces adeptes du mode de locomotion que l'on appelle la « brachiation » peuvent effectuer des sauts de 10 mètres dans les airs et avancer ainsi à une vitesse de plus de 30 kilomètres à l'heure !

11

sittelle torchepot
Sitta europæa

Un champion de l'escalade

Sur le tronc d'un grand arbre, la sittelle torchepot monte, descend la tête la première et sautille sur le côté, à la recherche d'insectes, de graines et de noix dont elle se nourrit. Légers, ces oiseaux de la taille d'un moineau possèdent de longs orteils vigoureux aux ongles robustes qui s'ancrent fermement dans l'écorce des arbres sur lesquels ils se déplacent. À l'aise aussi bien la tête en haut qu'à la renverse, ces curieux acrobates dorment la tête en bas, dans une fente de l'écorce d'un arbre !

Alors que d'autres sont les maîtres du ciel
... de formidables voiliers

Le vol n'est qu'un moyen parmi tant d'autres de se déplacer. Cependant, songez que 9000 espèces d'oiseaux, 950 espèces de chauves-souris et près d'un million d'espèces d'insectes ont acquis cette formidable invention que sont les ailes. Qu'elles soient courtes, longues, minces ou larges, qu'elles soient conçues pour les décollages des tétras, les vols rapides des faucons, les vols d'endurance des sternes ou le vol stationnaire des colibris, qu'elles servent à planer comme chez les mouettes et les vautours ou à effectuer des manœuvres compliquées comme chez les martinets, les ailes sont toutes merveilleusement adaptées aux conditions de vie aérienne de leurs propriétaires.

Le génie du vol plané

Profitant des courants d'air, des tourbillons et des vents forts de l'océan Atlantique, le majestueux albatros hurleur monte, descend, vole en zigzag, parcourant jusqu'à 100 kilomètres presque sans donner de coups d'ailes ! Avec ses longues ailes étroites qui peuvent atteindre une envergure de trois mètres et demi, l'albatros hurleur figure parmi les plus grands oiseaux capables de voler.

albatros hurleur
Diomedea exulans

Manœuvres aériennes

Les sveltes et délicates libellules comptent parmi les insectes les plus rapides. Équipés de deux paires d'ailes rigides parcourues par un réseau complexe de fines nervures, ces insectes au vol puissant sont capables de voler sur de grandes distances, atteignant même une vitesse de 75 kilomètres à l'heure ! Les manœuvres aériennes n'ont plus de secret pour les libellules qui sont capables de voler à reculons, de faire du surplace ou encore de monter à la verticale, tel un petit hélicoptère.

libellule
famille des Libellulidés

Un voilier infatigable

Aucun oiseau ne passe plus de temps dans les airs que le martinet noir ! Ce dernier se nourrit, se nettoie, se reproduit, ramasse les matériaux nécessaires à la construction de son nid et sommeille à plusieurs centaines de mètres d'altitude, sans jamais poser les pattes sur le sol ! Pour prendre un repos bien mérité, ce petit oiseau de 16 centimètres de long se pose sur une paroi verticale, à laquelle il s'accroche fermement à l'aide des griffes robustes de ses courtes pattes.

martinet noir
Apus apus

13

Mammifères volants

Le mot « chiroptères », désignant l'ordre auquel appartiennent les chauves-souris, signifie « aile faite d'une main ». En effet, les ailes des chauves-souris, dont la forme change selon les espèces, sont constituées d'une mince membrane de peau tendue à partir de l'épaule et soutenue par le bras, l'avant-bras et les cinq doigts très allongés. Ces petites acrobates aériennes sont les seuls mammifères capables de voler véritablement ; elles peuvent atteindre une vitesse de 50 kilomètres à l'heure.

chauve-souris fer-de-lance
famille des Phyllostomatidés

Êtes-vous curieux ?

Certains marins considèrent l'albatros comme un oiseau annonciateur de tempêtes et de vents. D'autres croient qu'il serait la réincarnation de marins morts en mer...

Alors que d'autres sont les maîtres du ciel
... de drôles d'oiseaux

Même s'ils sont les maîtres incontestés du ciel, les insectes, oiseaux et chauves-souris partagent leur habitat aérien avec quelques espèces arboricoles, spécialistes du saut plané. Utilisant des membranes spéciales déployées comme de petits parachutes, ces créatures se lancent dans le vide pour voyager de branche en branche ou fuir des ennemis et franchissent parfois des distances impressionnantes !

Cerf-volant arboricole

Cet élégant parachutiste de la taille d'un chat circule avec légèreté de branche en branche, au moyen d'une membrane de peau, le patagium, qui s'étend de chaque côté de son corps, du cou jusqu'à la queue. Grâce à cette formidable adaptation, le galéopithèque évite de se déplacer au sol et résout le problème de la circulation d'un arbre à l'autre : pendant qu'il plane, il se dirige en variant la position de ses pattes et de sa queue.
Le plus long vol plané observé chez un galéopithèque atteignait 136 mètres !

galéopithèque tacheté
Cynocephalus variegatus

Voyage au bout d'un fil

Comme suspendue entre ciel et terre, une araignée thomise se laisse transporter au gré du vent, accrochée à un long fil de soie, sécrété par ses filières. Dressé par les courants d'air chauds, son fil presque invisible la soulève et l'emporte sur de très grandes distances, à la vitesse du vent... Mais tout à coup la température s'abaisse, provoquant l'atterrissage de la voyageuse qui abandonne son moyen de transport. Au sol, les thomises peuvent marcher aussi bien à reculons que sur le côté, ce qui leur a valu leur surnom d' « araignées-crabes ».

thomise
Misumena vatia

dragon volant
Genre *Draco*

Un lézard ailé

Ces petits reptiles d'une vingtaine de centimètres de long n'ont rien des créatures chimériques dotées d'ailes dont ils portent le nom, si ce n'est leur faculté de se déplacer dans les airs… Habitants des cimes des grands arbres, les dragons volants se déplacent par bonds planés de cinq à six mètres. Soutenus par leurs dernières côtes mobiles, deux grands lobes de peau fixés le long de leurs flancs jouent le rôle d'ailes, permettant à ces insectivores de planer jusqu'à une distance de 60 mètres.

Voler comme un poisson

Grâce à ses nageoires pectorales modifiées et à ses muscles puissants, ce petit poisson de six centimètres de long seulement, habitant des fleuves, des marécages et des fossés du nord de l'Amérique latine, saute habilement hors de l'eau et plane pour échapper à ses ennemis. Utilisant ses nageoires comme des ailes, le poisson-hachette peut parcourir plusieurs mètres au-dessus de l'eau !

poisson-hachette commun
Gasteropelecus sternicla

Êtes-vous curieux ?

Le jeune galéopithèque, qui naît après seulement soixante jours de vie embryonnaire, est longtemps transporté sur le ventre de sa mère. Lorsque celle-ci se déplace en planant, elle replie une partie de son patagium près de la queue, pour former une sorte de hamac douillet dans lequel reposera son petit.

Ceux-ci sont
des champions sauteurs

Qu'ont en commun les puces, sauterelles, pumas, cerfs, kangourous géants, belettes et grenouilles ? Ce sont tous des sauteurs qui, en quelques secondes à peine, peuvent franchir des distances faramineuses ! Qu'ils bondissent pour fuir l'ennemi, pourchasser leur proie ou tout simplement pour se déplacer, ces petits futés ont un atout de taille : grâce à leur mode de déplacement rebondissant, ils sont beaucoup plus rapides que les marcheurs et surtout moins éreintés que les coureurs… Depuis les membres postérieurs démesurément longs et musclés des grenouilles, en passant par les muscles efficaces des insectes qui agissent tels des élastiques ou des catapultes, jusqu'au corps souple et allongé des félins qui s'étire tel un ressort, tous ces moyens physiques permettent aux animaux sauteurs d'accomplir des exploits stupéfiants !

Un champion du saut en longueur

Utilisant sa longue queue pour garder son équilibre, la panthère des neiges, que l'on appelle aussi « once », grimpe agilement le long d'un arbre. De son poste haut perché, elle guette en solitaire son futur repas : un sanglier, un cerf, un mouton ou une chèvre imprudente. Soudain, tel un éclair, l'animal bondit, puissant et agile, franchissant pas moins de 15 mètres de distance en un seul saut ! Plus basse sur pattes et ayant le corps plus allongé que la panthère, l'once est le meilleur sauteur de tous les félidés.

panthère des neiges
Uncia uncia

16

La puissance et l'élégance d'un géant

Avec un corps d'une longueur de 10 mètres et une nageoire dorsale de près de 2 mètres de haut, l'orque épaulard est le plus grand et le plus rapide de tous les dauphins. Projetant énergiquement hors de l'eau son énorme corps de 7 tonnes, ce géant des mers réalise des bonds fantastiques de 10 mètres de hauteur ! En raison de son talent peu commun, ce doux carnivore d'une grande intelligence figure parmi les vedettes des spectacles aquatiques de plusieurs pays.

orque épaulard
Orcinus orca

Sauteur des prairies et des champs

Cet insecte de quatre centimètres de long n'a rien d'un grand marcheur, il vole maladroitement et n'est certainement pas doué pour la course… Cependant, sa troisième paire de pattes, particulièrement longues, munies de cuisses musclées et de « pieds » allongés est tout spécialement conçue pour le saut. Grâce à un mécanisme fonctionnant comme une catapulte, la grande sauterelle verte peut accomplir des sauts prodigieux, équivalant à 75 fois la longueur de son corps !

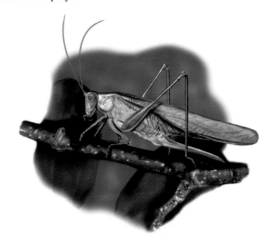

grande sauterelle verte
Tettigonia viridissima

17

Une gerboise sautillante

Tel un ressort, la petite gerboise du désert bondit à toute vitesse, fuyant les prédateurs du désert du nord de l'Afrique et du Moyen-Orient. Ces étranges créatures à l'allure de minuscules kangourous peuvent effectuer des bonds de 4 mètres et atteindre une incroyable vitesse de 25 kilomètres à l'heure ! Véritables machines à rebondir, ces mammifères sont dotés de pattes postérieures quatre fois plus longues que celles de devant et d'une très longue queue qui agit, pendant les sauts, à la fois comme un appui, un gouvernail et un balancier.

gerboise du désert
Jaculus jaculus

Êtes-vous curieux ?

Malgré son caractère illégal dans de nombreux pays, le trafic de la fourrure de la panthère des neiges continue d'être pratiqué, ce qui menace l'espèce d'extinction. On estime qu'il reste environ 750 panthères des neiges seulement.

Tandis que ceux-là sont
des champions coureurs

Pourvus de longues jambes minces et musclées et de pieds spécialement conçus pour fouler le sol plat des steppes, des prairies et des déserts, les grands coureurs possèdent un avantage important : leur rapidité. Qu'ils soient des coureurs à quatre pattes tels les lions, les gazelles et les lycaons ou à deux pattes telles les autruches, qu'ils courent pour fuir un prédateur ou pour poursuivre leur proie sur de longues distances, qu'ils soient sprinteurs ou coureurs de fond, ces champions s'engagent dans des courses spectaculaires où ils sont souvent vainqueurs.

Un maître sprinteur

Grâce à sa colonne vertébrale souple qui s'étire comme un accordéon, aux muscles puissants de son dos et de ses pattes et à ses longues griffes qui agrippent le sol fermement à chaque foulée, le guépard est l'animal le plus rapide de la terre. Ce félin gracieux au corps mince et élastique réalise des prouesses extraordinaires : en deux secondes seulement, il atteint une vitesse de 75 kilomètres à l'heure et peut pousser des pointes de plus de 110 kilomètres à l'heure !

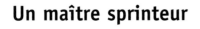

guépard
Acinonyx jubatus

Courir pour se rafraîchir

Ce reptile d'une longueur de 60 centimètres, incluant la queue, utilise habilement ses quatre pattes lorsqu'il s'agit de courir entre les rochers du désert et de grimper aux arbres. Cependant, menacé par un prédateur, il se dresse sur ses pattes de derrière et s'enfuit en courant, utilisant sa longue queue comme contrepoids. Mais là n'est pas l'unique raison de cette course ingénieuse : grâce au déplacement d'air qu'elle crée, la course sur deux pattes permet au lézard de se rafraîchir par temps chaud.

lézard barbu d'Australie
Amphibolurus barbatus

géocoucou de Californie
Geococcyx californianus

Coureur des déserts américains

Le géocoucou est certainement le plus célèbre des oiseaux coureurs ! Semblant à peine effleurer le sol du désert américain, il peut atteindre une vitesse incroyable de 40 kilomètres à l'heure ! Si ses courtes ailes ne lui servent que très rarement à voler, elles jouent un rôle essentiel dans la course : en association avec la queue, elles travaillent à maintenir l'équilibre de l'oiseau pendant ses folles randonnées désertiques. Grâce à sa rapidité, le géocoucou chasse ses proies et se protège efficacement des dangers.

La course, sur le bout des doigts...

Cet animal au célèbre galop court... sur le bout de ses doigts : chacun de ses sabots est, en réalité, l'ongle robuste de l'unique orteil qui repose au sol... Équipé de cette solide protection ainsi que de ses longues pattes et de son corps musclé, le cheval est un des meilleurs coureurs de tout le monde animal. Le dernier cheval sauvage, le cheval de Przewalski, ne vit plus qu'en captivité. Il en reste environ 1000 dans divers parcs zoologiques du monde.

cheval de Przewalski
Equus Przewalskii

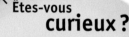

Êtes-vous curieux ?

S'il est un champion des démarrages, de l'accélération et de la vitesse sur de courtes distances, le guépard est cependant un grand perdant lorsqu'il s'agit d'endurance. Au bout de 20 secondes à peine de poursuite, le guépard a dépensé une énergie si importante qu'il doit s'arrêter pour se reposer, restant l'estomac vide les trois quarts du temps.

Ceux-ci sont des arpenteurs émérites

Ceux-ci connaissent le sol et la terre par cœur. Glissant et rampant à sa surface ou dans ses couches plus profondes, ces animaux en parcourent les moindres anfractuosités, chaque parcelle de leur corps maintenue en contact intime avec le sol. Les spécialistes de la reptation n'ont pas de pattes, mais qu'à cela ne tienne ! Que ce soit les vers plats par leurs mouvements rampants, les vers de terre, les escargots et les sangsues par leurs mouvements en accordéon ou les serpents par leurs mouvements sinueux, de nombreuses créatures se déplacent habilement par de simples contractions de leur corps.

Déplacements sinueux

Les serpents que nous connaissons aujourd'hui sont des descendants de reptiles à quatre pattes. Bien que ces animaux redoutés aient perdu leurs membres, ils n'en sont pas moins agiles ! Le mamba noir, d'une longueur de trois mètres, est le serpent le plus rapide du monde ! Ondulant d'un mouvement sinueux entre les tiges des plantes et les cailloux des savanes sèches, ce reptile extrêmement habile peut ramper à une vitesse de 20 kilomètres à l'heure !

mamba noir
Dendroaspis polylepis

Lent comme un escargot

Cet habitant des jardins d'Europe se déplace avec une lenteur légendaire. Son corps, parcouru par une vague de petites contractions musculaires, avance grâce à un tapis de mucus qu'il a sécrété et qui agit d'une façon toute particulière : sous les parties immobiles du pied de l'escargot, le mucus « colle » au sol pour fournir un appui. Cependant, lorsque le pied s'anime, le mucus devient liquide et permet à l'animal de glisser à une vitesse de 40 mètres à l'heure...

hélice jardinière
Cepaea hortensis

Indispensable laboureur

Ces petites créatures indispensables à la bonne santé de nos sols avalent la terre sur leur passage, creusant ainsi d'innombrables galeries d'aération. Le ver de terre, ou lombric, présent dans presque tous les types de terrains, rampe à une vitesse de 30 centimètres à la minute, en allongeant et en raccourcissant alternativement les segments de son corps grâce à deux séries de muscles spéciaux qui encerclent et longent ce dernier.

ver de terre
Lumbricus terrestris

21

Mouvement d'accordéon

Cette sangsue d'Europe mesure une dizaine de centimètres environ, mais lorsqu'elle avance, son corps s'étire jusqu'à atteindre deux fois sa longueur originale ! À chaque extrémité de son corps, la sangsue porte une ventouse. Lorsqu'elle avance, elle fixe sa ventouse postérieure au sol puis étire la partie antérieure de son corps comme un accordéon pour aller déposer sa ventouse antérieure, loin devant elle. Bientôt, sa ventouse postérieure rejoint celle de devant, et la sangsue répète l'opération pour atteindre sa destination.

sangsue médicinale
Hirudo medicinalis

Êtes-vous curieux ?

Lorsqu'ils ondulent, les serpents utilisent le relief de leur environnement, les plantes et les cailloux comme points d'appui qui les empêchent de rouler sur le dos et leur permettent d'avancer rapidement.

Ceux-là entreprennent des voyages
de longue durée

Par les océans, sur les terres ou dans les airs, des millions d'espèces animales effectuent de longs voyages de migration. Ces déplacements parfois spectaculaires s'expliquent bien souvent par des facteurs tels la modification du climat, la rareté de la nourriture et le besoin de reproduction. Voyages d'aller avec ou sans retour, aux itinéraires parfois ponctués d'obstacles, les migrations présentent des trajets variant de quelques kilomètres à plusieurs milliers de kilomètres. Grands voyageurs, les animaux qui parcourent des distances de migration considérables ont tous leurs sens en éveil : pour arriver à destination et en revenir, nombre d'entre eux utilisent leur ouïe et leur odorat, certains se servent de repères visuels alors que d'autres se laissent guider par le champ magnétique terrestre ou observent la position du soleil et des étoiles.

De grands voyageurs

Suivant les pistes que leurs ancêtres ont tracées depuis des milliers d'années, les gnous bleus du parc national de Serengeti, en Tanzanie, quittent les plaines du sud pour effectuer, vers le nord, une longue migration annuelle de 1500 kilomètres. Des troupeaux entiers forment alors une marée mouvante de mâles, de femelles et de jeunes qui envahissent les prairies plus humides du nord, en quête d'eau et d'herbe fraîche. Au cours de ce périlleux voyage, plusieurs animaux meurent piétinés, noyés ou dévorés par les hyènes et les lions.

22

gnou bleu
Connochætes taurinus

La grande traversée de l'Amérique du Nord

Des papillons monarques se reposent en groupe sur le tronc d'un arbre de l'est de l'Amérique du Nord et exposent le spectacle magnifique de leurs milliers d'ailes colorées. En septembre, ils ont quitté leur territoire d'alimentation au nord pour retourner passer l'hiver chez eux, au Mexique, en Floride et en Californie. Au printemps suivant, une nouvelle population de monarques remontera vers les prairies et les champs du nord, parcourant une distance de 2000 à 3000 kilomètres sans s'arrêter ni se nourrir, le jour comme la nuit.

monarque
Danaus plexippus plexippus

Voyage au bout du monde

Le record de distance migratoire parcourue dans tout le règne animal appartient à la sterne arctique. Cette grande voyageuse de 35 centimètres de long quitte son lieu de reproduction des mers arctiques pour effectuer une migration annuelle de 35 000 kilomètres qui la mènera sur les côtes de la banquise antarctique. Grâce à ce formidable voyage, la sterne profite de ce que les deux pôles de la planète ont de mieux à offrir !

sterne arctique
Sterna paradisaea

Le voyage d'une vie

Rares sont les poissons qui connaissent une vie aussi agitée que celle de l'anguille européenne ! Dès le jour de sa naissance, la minuscule larve entreprend un long et épuisant voyage de 6000 kilomètres qui la mènera des eaux salées de la mer des Sargasses, son lieu de naissance, vers les eaux douces des rivières. Les anguilles, devenues adultes, entreprendront leur deuxième voyage vingt ans plus tard, lorsque, à leur tour, elles iront se reproduire dans l'eau chaude de la mer qui les a vues naître.

anguille européenne
Anguilla anguilla

Êtes-vous curieux ?

Les sociétés de gnous sont formées de harems qui, en période de reproduction, peuvent compter 150 femelles pour 1 mâle. Les femelles ont l'obligation de rester groupées, en échange de quoi le mâle leur assure protection et défense contre les autres mâles et surtout contre les prédateurs.

Tandis que d'autres sont condamnés
à l'immobilité...

Toutes les espèces animales ne sont pas mobiles. Quelques-unes d'entre elles mènent, au contraire, une vie stationnaire. Immobiles, ces créatures naissent, vieillissent et meurent à un seul et même endroit. Pour compenser l'immobilité à laquelle elle sont condamnées, certaines ont subi des adaptations pour le moins ingénieuses...

Une colonie immobile

Les coraux coloniaux, constructeurs des récifs des mers tropicales, ont un squelette rigide fait de calcaire, solidement fixé sur les squelettes de coraux morts qui ont vécu avant eux... Condamnés à vivre immobiles, ces animaux carnivores ont développé un mode d'alimentation des plus efficaces : ils sont munis de cellules urticantes, les cnidoblastes, grâce auxquelles ils capturent et paralysent les proies qui s'aventurent à proximité. De plus, ces petits ingénieux vivent en étroite association avec des algues, les zooxanthelles, qui transforment la lumière du soleil en divers nutriments dont ils peuvent se nourrir.

coraux
Sous-classe des Hexacoralliaires

24

Une vie stationnaire

Fraîchement éclose, la larve de cochenille femelle parcourt les tiges de la plante sur laquelle elle a vu le jour en cherchant un endroit idéal pour s'installer de façon définitive… Arrivée à destination, elle s'accroche à la plante et subit une formidable transformation : sans pattes, ni ailes, ni yeux et avec des antennes minuscules, la femelle de la cochenille adulte ne ressemble pas du tout à un insecte qu'elle est pourtant ! Incapables du moindre mouvement, les cochenilles passent toute leur vie fixées à la même plante dont elles sucent la sève.

cochenille
Parthenolecanium corni

spirographe de la Méditerranée
Spirographis spallanzani

Un animal qui a du panache

N'essayez surtout pas de cueillir cette fleur ! Au moindre danger, la magnifique couronne disparaîtra à l'intérieur d'un fourreau de calcaire ! Ce beau panache appartient en réalité à un ver du groupe des polychètes, vivant dans un tube fixe. Formée de tentacules garnis de cils minuscules, la couronne du spirographe remédie à l'immobilité à laquelle son propriétaire est condamné : grâce au battement des millions de cils de ses tentacules, elle attire la nourriture vers la bouche du ver.

Un crustacé sédentaire

Ce curieux animal passe toute sa vie adulte immobile, fixé par un pédoncule d'une longueur de 10 centimètres environ. Bien qu'il soit sédentaire, cet ingénieux crustacé s'accroche à un objet flottant, comme un morceau de bois, une bouée ou une bouteille, et parcourt ainsi des distances fort intéressantes ! Grâce à ses pattes modifiées en petits organes flexibles que l'on appelle les « cirres », l'anatife filtre l'eau de mer pour en recueillir les minuscules animaux ou s'empare de proies qui passent à sa portée.

anatife
Lepas anatifera

Êtes-vous curieux ?

Le mot «corail» tire son origine du mot grec «korallion», qui signifie «arbustes marins». Dès l'Antiquité, on «cueillait» ces animaux sous-marins pour en faire des parures ou pour préparer des potions aux propriétés magiques…

1. **Hippopotame (p. 2)**
   (Afrique, au sud du Sahara)

2. **Colibri roux (p. 3)**
   (nord-ouest de l'Amérique du Nord, côte du golfe de Californie, sud de la Californie, Mexique)

3. **Kangourou gris (p. 3)**
   (est de l'Australie)

4. **Périophtalme (p. 3)**
   (Afrique, sud-est de l'Asie, Océanie et nord de l'Australie)

5. **Dauphin tacheté de l'Atlantique (p. 4)**
   (océan Atlantique, zones tropicales et tempérées, golfe du Mexique)

6. **Mako de l'Atlantique (p. 5)**
   (océan Atlantique)

7. **Espadon (p. 5)**
   (toutes les mers et tous les océans)

8. **Tortue-luth (p. 5)**
   (mers tropicales, parfois tempérées et subarctiques)

9. **Nautile cloisonné (p. 6)**
   (océans Indien et Pacifique)

10. **Serpent marin (p. 7)**
    (régions côtières, de l'Inde à l'Océanie et du sud du Japon à la Nouvelle-Zélande)

11. **Huart arctique (p. 7)**
    (Amérique du Nord, de l'Alaska à la baie d'Hudson, régions côtières de l'océan Pacifique)

12. **Manchot d'Adélie (p. 7)**
    (Antarctique et îles voisines)

13. **Jacana d'Afrique (p. 8)**
    (Afrique, au sud du Sahara)

14. **Patineur d'eau (p. 9)**
    (région paléarctique et une fraction de la région orientale)

15. **Araignée de mer du Japon (p. 9)**
    (Japon)

16. **Iule (p. 9)**
    (la famille des iulidés se trouve sur tous les continents)

17. **Grand tokay (p. 10)**
    (Inde, Pakistan, sud de la Chine, Indochine, Philippines et Indonésie)

18. **Coendou brésilien (p. 11)**
    (Bolivie, Brésil, Guyane, Venezuela, Trinidad)

19. **Gibbon à mains blanches (p. 11)**
    (Thaïlande, péninsule de la Malaisie, nord de Sumatra)

20. **Sittelle torchepot (p. 11)**
    (Europe, Asie, nord-ouest de l'Afrique)

21. **Albatros hurleur (p. 12)**
    (îles de l'Antarctique et régions côtières des continents austraux)

22. **Libellule (p. 13)**
    (tous les pays)

23. **Martinet noir (p. 13)**
    (Europe, Asie, Afrique)

24. **Chauve-souris fer-de-lance (p. 13)**
    (Mexique, Amérique centrale, Amérique du Sud et Antilles)

LES GRANDES PERFORMANCES ANIMALES	
Des champions de la course	**... et leur vitesse (kilomètres à l'heure)**
Guépard *(Acinonyx jubatus)*	110
Antilope springbok *(Antidorcas marsupialis)*	80
Lion *(Panthero leo)*	80
Cerf élaphe *(Cervus elaphus)*	78
Cheval domestique *(Equus przewalskii caballus)*	70
Émeu *(Dromaius novæhollandiæ)*	64
Lévrier *(Canis familiaris)*	60
Rhinocéros noir *(Diceros bicornis)*	51
Girafe *(Giraffa camelopardalis)*	51
Autruche *(Struthio camelus)*	50
Loup commun *(Canis lupus)*	45
Mamba noir *(Dendroaspis polylepis)*	24
Varan du désert *(Varanus griseus)*	22,5

	Des as du vol	**... et leur vitesse (kilomètres à l'heure)**
En ligne droite	Faucon pèlerin *(Falco peregrinus)*	180
	Martinet épineux *(Chætura pelagica)*	170
	Pigeon voyageur *(Ectopistes migratorius)*	151
	Oie de Gambie *(Plectropterus gambiensis)*	142
	Sarcelle d'hiver *(Anas crecca)*	120
	Épervier *(Genre Accipiter)*	110
	Cygne de Bewick *(Cygnus columbianus bewickii)*	107
	Huîtrier-pie *(Hæmatopus ostralegus)*	100
	Cygne chanteur *(Cygnus cygnus)*	93
	Lagopède des saules *(Lagopus lagopus)*	90
	Libellule *(Ordre des odonates)*	75
En piqué	Faucon pèlerin *(Falco peregrinus)*	324
	Aigle royal *(Aquila chrysaetos)*	300

De grands nageurs	**... et leur vitesse (kilomètres à l'heure)**
Espadon *(Xiphias gladius)*	110
Marlin *(Famille des Istiophoridés)*	80
Requin bleu *(Prionace glauca)*	70
Thon rouge *(Thunnus thynnus)*	70
Orque épaulard *(Orcinus orca)*	64
Dauphin commun *(Delphinus delphis)*	60
Rorqual commun *(Balænoptera physalus)*	48
Otarie de Californie *(Zalophus californianus)*	40
Manchot papou *(Pygoscelis papua)*	40
Tortue-luth *(Dermochelys coriacea)*	35

De formidables sauteurs	... et leurs performances (mètres)
En hauteur	
Requin mako (*Isurus oxyrhynchus*)	7,6
Dauphin (Famille des Delphinidés)	7
Orque épaulard (*Orcinus orca*)	6
Léopard (*Panthera pardus*)	5,5
Bouquetin (*Capra ibex*)	4,5
Tigre (*Panthera tigris*)	4
Kangourou géant (*Macropus giganteus*)	4
Chamois (*Rupicapra rupicapra*)	3,6
Saumon de l'Atlantique (*Salmo salar*)	3,5
Chien domestique (*Canis familiaris*)	3,5
Impala (*Æpyceros melampus*)	3
Cheval domestique (*Equus przewalskii caballus*)	2,5
En longueur **Panthère des neiges** (*Panthera uncia*)	15
Antilope springbok (*Antidorcas marsupialis*)	15
Kangourou géant (*Macropus giganteus*)	13,5
Cerf de Virginie (*Odocoileus virginianus*)	12,2
Impala (*Æpyceras melampus*)	12
Cheval domestique (*Equus przewalskii caballus*)	11,9
Orque épaulard (*Orcinus orca*)	10
Chien domestique (*Canis familiaris*)	9
Lièvre sauteur (*Pedetes capensis*)	9
Chamois (*Rupicapra rupicapra*)	7,7
Écureuil géant (*Ratufa macroura*)	6
Grenouille (Classe des amphibiens)	5
Sauterelle (Ordre des Orthoptères)	3
Puce (Ordre des Siphonaptères)	0,33

D'habiles plongeurs	... et leurs performances (mètres)
Cachalot (*Physeter catodon*)	3000
Éléphant de mer (genre *Mirounga*)	1250
Baleine de Baird (*Berardius bairdi*)	900
Phoque de Weddell (*Leptonychotes weddelli*)	600
Rorqual commun (*Balænoptera physalus*)	500
Manchot empereur (*Aptenodytes forsteri*)	265
Manchot d'Adélie (*Pygoscelis adeliæ*)	70
Plongeon (Famille des Gaviidés)	55

De grands retardataires	... et leur vitesse
Paresseux à gorge claire (*Bradypus tridactylus*)	24 heures pour parcourir 1 kilomètre
Hippocampe nain (*Hippocampus zozteræ*)	62 heures pour parcourir 1 kilomètre
Escargot petit-gris (*Helix aspersa*)	25 heures pour parcourir 1 kilomètre
Tortue éléphantine des Galapagos (*Testudo elephantopus*)	3 heures pour parcourir 1 kilomètre

hippopotame
Hippopotamus amphibius

classe Mammifères
ordre Artiodactyles
famille Hippopotamidés

taille et poids	2,80 à 4,20 m de long ; hauteur au garrot : 1,30 à 1,65 m 1,3 à 3,2 tonnes
distribution	Afrique, au sud du Sahara
habitat	lacs, rivières, fleuves
alimentation	herbes
reproduction	1 petit ; gestation de 240 jours
prédateurs	hommes, lions
longévité	45 ans (en captivité)

dauphin tacheté de l'Atlantique
Stenella plagiodon

classe Mammifères
ordre Cétacés
famille Delphinidés

taille et poids	2 à 2,7 m 110 à 145 kg
distribution	océan Atlantique, zones tropicales et tempérées, golfe du Mexique
habitat	régions côtières
alimentation	poissons, céphalopodes
reproduction	1 petit ; gestation de 11 mois

nautile cloisonné
Nautilus pompilius

classe Céphalopodes
ordre Tétrabranchiaux
famille Nautilidés

taille	15 à 20 cm de long
distribution	océans Indien et Pacifique
habitat	eaux profondes de 50 à 100 m
alimentation	crustacés, poissons

---

jacana d'Afrique
Actophilornis africana

classe Oiseaux
ordre Charadriiformes
famille Jacanidés

taille	22 à 28 cm
distribution	Afrique, au sud du Sahara
habitat	lacs, fleuves, marais, cours d'eau lents
alimentation	insectes, mollusques, petits poissons, graines
reproduction	4 à 6 œufs (jusqu'à 4 pontes par saison) ; incubation de 22 à 24 jours

grand tokay
Gekko gecko

classe Reptiles
ordre Squamates
famille Gekkonidés

taille	28 à 35 cm
distribution	Inde, Pakistan, sud de la Chine, Indochine, Philippines et Indonésie
habitat	arbres, rochers, habitations humaines
alimentation	araignées, insectes, petits lézards et jeunes rongeurs
reproduction	1 ou 2 œufs (de 4 à 6 pontes par an) ; incubation de 120 à 140 jours

albatros hurleur
Diomedea exulans

classe Oiseaux
ordre Procellariiformes
famille Diomédéidés

taille	1 m de long ; envergure : 3 à 3,5 m
distribution	îles de l'Antarctique et régions côtières des continents australs
habitat	océan
alimentation	céphalopodes, poissons, crustacés et détritus des navires
reproduction	1 ou 2 œufs aux 2 ans ; incubation de 70 à 80 jours
longévité	30 ans

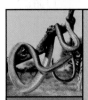

galéopithèque tacheté
Cynocephalus variegatus

classe Mammifères
ordre Dermoptères
famille Cynocéphalidés

taille et poids	33 à 42 cm de long ; queue : 22 à 27 cm 1 à 1,75 kg
distribution	sud-est de l'Asie, de la Birmanie à Bornéo
habitat	forêts, plantations, plaines
alimentation	pousses, bourgeons, fleurs, fruits, feuilles
reproduction	1 petit ; gestation de 60 jours
prédateurs	aigle des Philippines, hommes
longévité	inconnue

panthère des neiges
Uncia uncia

classe Mammifères
ordre Carnivores
famille Félidés

taille et poids	1 à 1,5 m de long ; la queue : 70 cm à 1 m 25 à 70 kg
distribution	Pakistan, Afghanistan au nord jusqu'à la Sibérie, Himalaya vers l'est jusqu'à la Chine
habitat	prairies alpines, pentes montagneuses, forêts
alimentation	souris, marmottes, lièvres, sangliers, cerfs, moutons, chèvres et oiseaux
reproduction	2 à 5 petits ; gestation de 90 à 103 jours
longévité	16 à 18 ans en captivité

guépard
Acinonyx jubatus

classe Mammifères
ordre Carnivores
famille Félidés

taille et poids	1,7 à 2,3 m incluant la queue ; hauteur au garrot : 0,7 à 0,9 m 35 à 70 kg
distribution	Afrique, vers l'est jusqu'à l'Asie
habitat	pré-déserts, steppes et savanes parfois boisées
alimentation	lièvres, chacals, gazelles, gnous, oiseaux, zèbres
reproduction	1 à 8 petits ; gestation de 90 à 95 jours
prédateurs	lions, panthères, hyènes, lycaons
longévité	20 ans en captivité

---

mamba noir
Dendroaspis polylepis

classe Reptiles
ordre Squamates
famille Élapidés

taille	3 m de long en moyenne
distribution	depuis le Sénégal à l'ouest et le Kenya à l'est jusqu'au sud de l'Afrique
habitat	savanes et forêts tropicales sèches
alimentation	oiseaux et petits mammifères
reproduction	9 à 14 œufs
prédateurs	aigles

gnou bleu
Connochaetes taurinus

classe Mammifères
ordre Artiodactyles
famille Bovidés

taille et poids	2,3 à 3,4 m incluant la queue 140 à 260 kg
distribution	est et sud de l'Afrique
habitat	savanes, steppes, forêts clairsemées
alimentation	jeunes pousses de graminées
reproduction	1 petit ; gestation de 8 à 9 mois
prédateurs	lions, hyènes tachetées, léopards, guépards, crocodiles, chacals, lycaons
longévité	18 à 20 ans

coraux
Sous-classe des *Hexacoralliaires*

classe Anthozoaires
ordre il existe 7 ordres de coraux

distribution	toutes les mers et tous les océans
habitat	lagons, profondeurs abyssales, eaux tropicales, tempérées et froides
alimentation	larves aquatiques, œufs de poisson, minuscules crustacés, petits vers
prédateurs	poissons-perroquets, gastéropodes marins, vers, crustacés, poissons-coffres, poissons-papillons

Glossaire

Aileron

Bout de l'aile chez l'oiseau et, également, nageoire en forme de triangle de certains poissons, comme le requin.

Ambulacre

Pied en forme de tube muni de ventouses, qui sort d'un orifice et peut y rentrer.

Anfractuosité

Cavité irrégulière et généralement d'une bonne profondeur.

Arboricole

Qui vit dans les arbres.

Balancier

Pièce ou organe qui sert à maintenir l'équilibre, qui assure la régularité d'un mouvement.

Brachiation

Façon qu'utilisent certains singes pour se déplacer en se balançant d'une liane à l'autre à l'aide de leurs bras

Calcaire

Qui contient du carbonate de calcium.

Catapulte

Machine de guerre des temps anciens, dont on se servait pour lancer des objets lourds sur l'ennemi.

Céphalopodes

Classe de mollusques à laquelle appartiennent notamment la pieuvre et le calmar.

Champ magnétique terrestre

Espace à la surface de la Terre qui subit un effet d'aimantation dû au pôle Nord.

Clapet

Partie mobile d'une soupape, c'est-à-dire d'un système ou d'un dispositif qui s'ouvre et se ferme pour laisser passer ou non un fluide.

Dense

Dont la masse par rapport au volume est grande si on la compare à celle d'un autre corps.

Embryonnaire

Qui a rapport à l'embryon, ce stade de développement qui suit l'œuf.

Envergure

Étendue des ailes déployées, c'est-à-dire ouvertes.

Félidés

Famille de mammifères carnivores dont font partie entre autres le chat et le tigre. (Parfois, on dit aussi «félins».)

Filière

Trou par lequel l'araignée fait sortir le fil qu'elle fabrique.

Fuselé

En forme de fuseau, autrement dit mince aux deux bouts et renflé au centre.

Gouvernail

Appareil faisant partie d'un navire, qu'on peut bouger de façon à diriger celui-ci.

Habitat

Milieu géographique dans lequel vit une espèce animale ou végétale.

Hydrodynamique

Dont la forme permet de diminuer la résistance de l'eau.

Irrigué

Où le sang et les autres liquides circulent avec aisance et en quantité.

Lobe

Partie arrondie et qui ressort (par exemple, le lobe de l'oreille).

Locomotion

Action qui permet à un être vivant de se déplacer, de passer d'un lieu à un autre (la marche et le vol sont des moyens de locomotion).

Lustre

Enduit qui rend brillant et peut servir à protéger.

Mammifère

Animal dont la femelle possède des mamelles pour nourrir ses petits.

Mangrove

Type de végétation des côtes tropicales où l'on trouve surtout des palétuviers, ces arbres qui sont surélevés sur leurs racines.

Membrane

Mince couche de cellules vivantes.

Mucus

Liquide transparent et visqueux.

Nutriment

Élément qui peut être assimilé par l'organisme et qui sert à le nourrir.

Ondulation

Mouvement de quelque chose qui s'élève puis s'abaisse, comme celui des vagues.

Palmé

Dont les doigts sont reliés par une membrane.

Pectoral

Qui est placé sur la poitrine ou qui appartient à la poitrine.

Pédoncule

Sorte de tige ou de structure allongée qui relie deux parties d'un être vivant.

Préhensile

Qui peut saisir, prendre, même si ce n'est pas sa fonction première.

Reptation

Façon pour certains animaux, comme le serpent, de se déplacer sur leur face ventrale, en rampant.

Reptile

Animal rampant à la peau recouverte d'écailles, comme le serpent, l'iguane et la tortue.

Siphon

Tube qui permet à l'eau de circuler.

Soies

Substance en forme de fils, poils extrêmement fins, comme des fils.

Spiralé

Roulé en forme de courbe qui tourne autour d'un point fixe mais en s'éloignant de ce point.

Sprinteur

Coureur spécialisé dans la vitesse sur les courtes distances.

Index

Les termes en **caractères gras** renvoient à une illustration ; ceux en *italiques* indiquent un mot-clé.

Tant de façons de se déplacer fut conçu et créé par **QA International**, une division de
Les Éditions Québec Amérique inc., 329, rue de la Commune Ouest, 3ᵉ étage, Montréal (Québec) H2Y 2E1 Canada T 514.499.3000 F 514.499.3010
©1999 Éditions Québec Amérique inc.

Il est interdit de reproduire ou d'utiliser le contenu de cet ouvrage, sous quelque forme et par quelque moyen que ce soit - reproduction électronique ou mécanique, y compris la photocopie et l'enregistrement - sans la permission écrite de l'éditeur.

ISBN 2-89037-979-5

Imprimé et relié au Canada.

10 9 8 7 6 5 4 3 2 1   99

Nous reconnaissons l'aide financière du gouvernement du Canada par l'entremise du Programme d'aide au développement de l'industrie de l'édition (PADIÉ) pour nos activités d'édition.

Canadä